YOUR KNOWLEDGE HAS VALUE

Das Rubikon-Modell, Emotionen und Motive

Bibliographic information published by the German National Library:

The German National Library lists this publication in the National Bibliography; detailed bibliographic data are available on the Internet at http://dnb.dnb.de.

ISBN: 9783389032275
This book is also available as an ebook.

© GRIN Publishing GmbH
Trappentreustraße 1
80339 München

Print and binding: Books on Demand GmbH, Norderstedt, Germany
Printed on acid-free paper from responsible sources.

The present work has been carefully prepared. Nevertheless, authors and publishers do not incur liability for the correctness of information, notes, links and advice as well as any printing errors.

GRIN web shop: https://www.grin.com/document/1474348

Allgemeine Psychologie 2

Einsendeaufgabe, Alternative A

Studiengang: Prävention und Gesundheitspsychologie

Abgegeben am: 01.11.2021

Inhaltsverzeichnis

Abkürzungsverzeichnis

ACC	Anterior cingulärem Cortex
Bzw.	Beziehungsweise
TAT	thematischer Auffassungstest
v. Chr.	Vor Christus
z.B.	Zum Beispiel

Teilaufgabe 1

Das Rubikon-Modell wurde von den deutschen Psychologen Heinz Heckhausen und Peter M. Gollwitzer im Jahr 1987 entwickelt und findet seit dem Einsatz in der Motivationspsychologie. Das Modell erklärt, wie jemand von der Absicht ein Ziel zu erreichen, über die Handlung, abschließend zum Ziel gelangt (Eremit & Weber, 2016, S. 43–49). Den Namen des Modells haben Heckhausen und Gollwitzer aus der historischen Bedeutung des Flusses Rubikon abgeleitet. Der Rubikon bildete eine natürliche Grenze zwischen Italien und der römischen Kleinstadt Gallia Cisalpina. Das Übertreten des Rubikons führte unwiderruflich zum Krieg, welchen Gaius Julius Caesar im Jahr 49 v. Chr. somit durch das Übertreten des Flusses zwischen Ihm und Pompeius auslöste (Eremit & Weber, 2016). Die Entscheidung Caesars, den Rubikon zu überschreiten, ging ein Abwägen der Vor- und Nachteile voraus und symbolisiert die verbindliche Festlegung der getroffenen Entscheidung und der damit verbundenen vollständigen Ausrichtung zur Realisierung des Ziels (Strobach & Wendt, 2019, S. 54–55). Ausgangspunkt der Forschung und Entwicklung des Rubikon-Modells, war für Heckhausen und Gollwitzer die Unterscheidung von Handlungszielen, zur Realisierung der Ziele und diese in einem Rahmenmodell zu integrieren. Das Rubikon-Modell ist in vier Phasen geteilt, mit denen die Motivation und Volition beschrieben werden (Moskaliuk, 2015, S. 2–4). Der Handlungsverlauf des Rubikon-Modells, von der Phase des Abwägens der Wünsche der gegebene Handlungsoptionen und der daraus resultierenden positiver und negativer Konsequenzen (prädezisionale Handlungsphase), die Phase des Planens konkreter Strategien zur Umsetzung des Ziels (präaktionale Phase), sowie die Durchführung der Strategien (aktionale Handlungsphase) und die Bewertung der Handlungsergebnisse (postaktionale Handlungsphase) werden hier näher erklärt (Heckhausen & Heckhausen, 2018, S. 357–385). In der ersten Phase des Rubikon-Modells, der **prädeszisionale Handlungsphase** (abwägen), muss sich der Handelnder als erstes klar werden, welches Anliegen oder welchen Wunsch er in die Tat umsetzen möchte. Ein Mensch produziert durch persönliche Motive und Bedürfnisse mehr Wünsche als er realisieren kann und muss sich daher in diesem ersten Schritt zwischen diesen entscheiden, um so einige davon in verbindliche Ziele umsetzten zu können. Es kommt zu einem Abwägen zwischen dem Wunsch und der Realisierbarkeit (Führt das eigene Handeln zum Erfolg) des Wunsches (Wert des Handlungsergebnisses). Um die Realisierbarkeit zu analysieren, steht man laut Heckhausen vor Fragen wie: Erreiche ich durch mein Handeln das erwünschte Ergebnis (Handlungs-Ergebnis-Erwartung)? Hat der situative Kontext einen positiven oder negativen Einfluss (Situations-Ergebnis-Erwartung)? Um genauer abzuwägen sind folgende Fragen wichtig: Stehen die notwenige Zeit und die Mittel zur Erfüllung meines Wunsches zu Verfügung? Außerdem sollte bedacht werden, welche kurz- oder langfristigen Konsequenzen auf einen zukommen, die mit dem Erreichen des Ziels einhergehen, ob diese Konsequenzen positiv oder negativ sind und wie hoch die Wahrscheinlichkeit ist, dass diese Konsequenzen eintreten (Heckhausen & Heckhausen, 2018, S. 357–385). Die Beantwortung dieser Fragen zeigt den zu erwartenden Nutzen des Ziels auf und hilft so bei der Bewertung der Realisierung. Ein Wunsch, der mit vielen positiven Konsequenzen bewertet wird, wird eher realisiert als ein Wunsch, der negative Konsequenzen mit sich zieht. Die Dauer des Abwägens kann variieren, wobei bedacht werden muss, dass oft nicht ausreichend Zeit zu Verfügung steht, den potenziell beantwortbaren Fragen nachzugehen. Außerdem wurde im Zusammenhang mit dem Rubikon-Modell die sogenannte Fazittendenz entwickelt, die die Vorhersage über die Erledigung der motivationalen Aufgabe gibt. Je mehr ein Handelnder, die Konsequenzen über eine mögliche Handlung oder das Unterlassen einer Handlung abwägt, desto größer ist seine Überzeugung, die zu beantwortenden Fragen sinnvoll genutzt zu haben. Steigt die Fazittendenz an, dann sinkt die Aussicht auf neue Erkenntnisse über mögliche Konsequenzen, jedoch kann der Prozess des Abwägens auch durch abzuwägende Alternativen verkürzt werden, was sich laut Gollwitzer, Heckhausen und Ratajczak (1990) als wirksames Mittel zeigte. Erst die Umwandlung des Wunsches in ein konkretes Ziel, ermöglicht die Ausführung und somit die Realisierung des Wunsches. Dieser Prozess vom Wunsch in die Umwandlung in das Ziel wird auch als das Überschreiten des Rubikons bezeichnet. Das Ergebnis der Umwandlung eines Wunsches in ein Ziel wird auch als Zielintention bezeichnet und beschreibt ein Gefühl der

Entschlossenheit und der Gewissheit, wodurch ein Verbindlichkeitscharakter entsteht, das Ziel auch wirklich anzustreben (Heckhausen & Heckhausen, 2018, S. 357–385). Die **präaktionale Phase** (planen) ist die zweite Handlungsphase, in der der Handelnde überlegt, welche Strategien angewendet werden sollen, um das verbindlich festgelegte Ziel aus der ersten Phase zu realisieren. Jedoch ist es nicht immer möglich ein gesetztes Ziel sofort umzusetzen, wodurch sich Warteperioden ergeben. Diese zweite Phase des Handlungsverlaufs der präaktionalen Phase wird als volitional bezeichnet und meint das Überschreiten des Rubikons und der damit verbundenen Handlungen zur Realisierung des Ziels, die somit ein Verbindlichkeitscharakter erhalten, um das Ziel wirklich anzustreben. Bei der Realisierung von Zielen helfen sowohl routinierte und eingeübte Verhaltensweisen, die automatisch ablaufen als auch neue Verhaltensweisen, die bedacht werden müssen. Vorsätze und Pläne werden laut Gollwitzer (1993) am häufigsten dann umgesetzt, wenn konkrete Pläne zur Umsetzung erarbeitet werden. In der nächsten Phase, der **aktionalen Handlungsphase** (handeln) wird der Handelnder versuchen, die gefassten Pläne zu realisieren und erfolgreich zu beenden. Je mehr Schwierigkeiten bei der Realisierung des Ziels auftreten, desto größer wird die Anstrengung, das Ziel doch noch zu erreichen. Das Erreichen des Ziels wird von der Volitionsstärke bestimmt und stellt somit den Grenzwert der Anstrengungsbereitschaft dar. Die letzte Phase des Rubikon-Modells ist die **postaktionale Handlungsphase** (bewerten), in der das erreichte Ergebnis von dem Handelnden bewertet und durch Fragen wie z.B. „Ist meine Handlungsintention erledigt?", „Sind die erhofften positiven Konsequenzen eingetroffen?" oder „Wie verhalte ich mich bei Nichterreichen des Ziels?". Das Beantworten solcher Fragen und das damit verbundene abwägen bezieht sich sowohl auf das Handlungsergebnis als auch auf Handlungen in der Zukunft (Heckhausen & Heckhausen, 2018, S. 357–385). Betrachtet man alle vier Handlungsphasen den Rubikon-Modells, dann lässt sich feststellen, dass die die erste Phase, die Phase des Abwägens und die letzte Phase, die Phase des Bewertens als motivationale Phasen betrachtet werden. Die zweite Phase, die Phase in der geplant wird und die dritte Phase in der gehandelt wird, werden als volitionale Phase betrachtet (Strobach & Wendt, 2019, S. 54–55). Die volitionale (Heckhausen & Heckhausen, 2018, S. 357–385)Phase sichert die

Umsetzung der motivationalen Tendenz sowohl gegen externe als auch gegen interne Stressoren, indem Handlungskontrollstrategien eingesetzt werden (Heinze, 2018, S. 18–19). Jeder Mensch ist laut Kuhl (1983) in einer permanenten Beeinflussung von Wünschen, Plänen und Absichten ausgesetzt, die das Handeln beeinflussen. Ist die dominierende Handlungstendenz mit der aktuellen Situation vereinbar, so kommt es zu einer Handlungsaufführung. Handlungskontrollstrategien helfen den Handlungsprozess zu unterstützen und die Handlungstendenzen vor konkurrierenden Tendenzen zu schützen (Heinze, 2018, S. 28). Im Laufe eines Fernstudiums wird eine Studentin immer wieder mit Situationen konfrontiert, in denen Sie sich zwischen dem Lernen für eine Klausur (um eine gute Note zu schreiben) oder einem Abend mit ihren Freundinnen entscheiden muss. Ziel der Studentin ist es, einen „guten" Abschluss zu schaffen. Um die Aufmerksamkeit vollkommen auf die Studienbriefe richten zu können, sollten ablenkende Dinge, wie das Handy weggelegt werden und vielleicht sogar ausgeschaltet werden (Aufmerksamkeitskontrolle). Während des Studiums, das oft sogar neben einem Vollzeitjob ausgeführt wird, ist es wichtig sich immer wieder zu motivieren. Eine Möglichkeit wäre hier, schon vor Studienbeginn ein klares Ziel zu haben, wie die berufliche Karriere nach dem Studium aussehen soll und sich das als Motivation zum Durchhalten in „unmotivierten" Phasen klar vor Augen zu halten (Motivationsregulation). Die Regulation von Emotionen ist bei einer sehr guten (Note 1), als auch bei einer sehr schlechten (nicht bestanden) Note für eine Klausur wichtig, da die Emotionen auf beide Noten die Motivation am Weiterlernen hindern können (Emotionsregulation). Die Umgebung, in der die Studentin lernt, sollte angenehm für sie sein (aufgeräumter Schreibtisch, ausreichend Platz, bequemer Stuhl) und es sollten Störfaktoren wie Fernseher oder laute Musik aus der Umgebung entfernt werden (Umgebungskontrolle). Zielführendes Lernen meint, dass sich die Studentin auf das wesentliche konzentrieren soll, dieses rausfiltert und für weniger wichtigen Informationen, weniger Lernzeit einplant (Enkodierungskontrolle). Die Entscheidungskontrolle kann bei der Auswahl einer Alternative für eine Hausarbeit eingesetzt werden, wenn die Wahl zwischen den drei angebotenen Alternativen auf Grund der interessanten Themen nicht leichtfällt (Heinze, 2018, S. 29–36).

Teilaufgabe 2

Nicht nur uns Menschen fällt es schwer, die aktuelle Gefühlslage in Worte zu fassen oder zu beschreiben und zu erklären was Emotionen sind. Die Wissenschaftler und Psychologen, die auf diesem Gebiet forschen geht es ähnlich. Der Begriff Emotion ist so komplex, dass es in der Wissenschaft keine eindeutige Definition gibt. Emotionen haben sowohl subjektive Komponenten, die ein Mensch erfahren kann, aber auch objektiv erfassbare Komponente, die Menschen ein zielgerichtetes Verhalten ermöglichen und somit dem Organismus eine Anpassung an die Lebensbedingungen ermöglicht (Brandstätter et al., 2018, S. 164). Janke (2007) beschreibt Emotionen als vorübergehende psychische Vorgänge, ausgelöst durch äußere und innere Reize, die durch einen zeitlichen Verlauf und eine spezifische Qualität gekennzeichnet sind (Leschnik, 2021, S. 9). Emotionen sind hier klar von Stimmungen abzugrenzen. So beschreibt eine Stimmung, einen zeitlich andauernden Zustand, der weniger intensiv empfunden wird als eine Emotion, die zeitlich begrenzt auf eine konkrete Situation oder ein Ereignis bezogen ist, wie Angst oder Ekel vor etwas. Die Emotionspsychologie untersucht die verschiedenen Komponenten, die mit Emotionen einhergehen, wie der Funktion von Emotionen, wie Emotionen entstehen oder welchem Zweck Emotionen dienen. Müssler und Rieger (2017) beschreiben in Ihrem Buch „Allgemeine Psychologie" drei Merkmale, die Emotionen charakterisieren. Die **Affektivität** beschreibt das Empfinden einer Emotion, wie Ärger, Freude, Stolz oder Ekel, die als angenehm oder unangenehm empfunden werden, jedoch nicht zwingend bewusst wahrgenommen werden müssen. **Intentionalität** bedeutet, dass eine Emotion, wie Freude, Stolz, Wut oder Ärger immer auf ein bestimmtes Ereignis oder ein Objekt bezogen ist, jedoch muss das Bezugsobjekt nicht wirklich existieren, es kann auch in der Zukunft liegen oder nur in den Gedanken existieren. Eine Emotion ist **zeitlich begrenzt**, bzw. ist durch eine **zeitliche Dynamik** charakterisiert was bedeutet, dass sich eine Person über ein Ereignis nicht wochenlang andauernd ärgert, sondern der ärger immer wieder aufflammen kann und zwischendurch verschwindet oder der Ekel vor einer Spinne abflacht, wenn die Person die Spinne nicht mehr vor Augen hat. Anders als im Alltag, wo Emotionen meistens mit Gefühlen gleichgesetzt werden, werden Emotionen im wissenschaftlichen Kontext durch mehrere Verhaltenssysteme (subjektive -, kognitive -, physiologische -, expressive- und motivationale Komponente) erklärt. Emotionen können sich durch eine oder mehrere Komponenten manifestieren, was den Vorteil hat, dass unterschiedliche Facetten der Emotionen, ohne subjektiven Erlebnisbericht untersucht werden können (Müsseler & Rieger, 2017, S. 186–188). Der britische Naturforscher Charles Darwin ging davon aus, dass es eine begrenzte Anzahl von universell angeborener Basisemotionen gibt. Basisemotionen werden als adaptive Reaktionssysteme bezeichnet, die sich im Verlauf der Evolution entwickelt und als überlebenswichtige Verhaltenssteuerungssysteme (z.B. bei Flucht oder Kampf) manifestiert haben. Die Basisemotionen Freude, Trauer, Angst, Ärger, Ekel, Wut und Überraschung sind kulturübergreifend, beständig und zeigen sich in ähnlichen oder sogar gleichen Gesichtsausdrücken, sind angeboren und müssen nicht erlernt werden (Hoyer & Knappe, 2020, S. 141–142). Jede dieser sechs Basisemotionen ruft charakteristische Reaktionen, wie einen bestimmten Gesichtsausdruck oder eine veränderte Stimmlage hervor und sind anhand dessen für den Beobachter gut zu identifizieren und zu klassifizieren (Mahr, 2018, S. 308). Eine Emotion umfasst ein sehr komplexes subjektives Geschehen, dass immer mit einem Gefühl einhergeht, welches sich physisch äußern kann. Eine Emotion kann von einem Menschen auf drei Ebenen wahrgenommen werden. Die **physiologische Ebene** umfasst die körperlichen Veränderungen, wie hormonale und viszerale Erregung. Eine physische Reaktion folgt willkürlich auf jede starke Emotion, wobei einige physische Reaktionen sofort wahrgenommen werden, wie Herzklopfen, Anspannung in der Muskulatur oder Schmetterlinge im Bauch und andere nicht, da sie weniger stark sind. Außer der empfundenen Reaktionen, mobilisiert der Körper weniger spürbare Reaktionen, um Energie bereitzustellen. Das sympathische Nervensystem löst bei starken Emotionen Veränderungen aus, wie unter anderem einen Anstieg des Blutdrucks und des Herzschlags, Beschleunigung der Atmung, Verlangsamung der Verdauung oder einer vermehrten Schweißbildung, wodurch der Körper auf Kampf oder Flucht vorbereitet werden soll. Das parasympathische Nervensystem führt den

Körper wieder in den Normalzustand zurück, sobald sich die emotionale Erregung legt (Becker-Carus & Wendt, 2017, S. 542–543).

Die **Kognitive Ebene** beschreibt das subjektive Erleben und der kognitiven Bewertung einer Emotion. Das Erleben einer Situation und die damit verbundenen, hervorgerufenen Emotionen hängt von den subjektiven Erwartungen ab und kann so unterschiedlich ausfallen. Diese Interpretation einer Situation wird als kognitive Bewertung bezeichnet und trägt maßgeblich dazu bei, welche Art von Emotionen und in welcher Intensität diese Emotionen empfunden werden (Becker-Carus & Wendt, 2017, S. 542–543). Das Verhalten und der Ausdruck eines Menschen einschließlich seiner Handlungstendenz, wie Weinen, Lächeln oder Stirn runzeln als emotionale Reaktion, wird auf der **motorischen Ebene** erfasst (Becker-Carus & Wendt, 2017, S. 540). Hier lassen sich Emotionen besonders gut, auch ohne Hilfsmittel beobachten und klassifizieren. Emotionen drücken sich nicht nur über eine veränderte Mimik im Gesicht aus, sondern auch über das Verhalten, wie einer anderen Körperhaltung, straffen oder hängen lassen der Schultern, das Verschränken (Brandstätter et al., 2018, S. 168–169). Wie genau Emotionen im Körper und im Gehirn entstehen wurde in den letzten 20 Jahren gründlich erforscht, jedoch basieren diese Forschungen auf Untersuchungen von James Lange (1884) und Walter Cannon (1927) zum neuronalanatomischen Modell von emotionaler Reaktion. Cannon ging davon aus, emotionale Reaktionen vor allem von zwei Hirnregionen beeinflusst werden, vom Thalamus und vom Hypothalamus. Paul MacLean präsentierte 1949 ein weiteres neuroanatomische Modell, bei dem drei Gehirnbereiche für die Entstehung von Emotionen beteiligt sind. Die Basalganglien, als Zentrum für primitive Triebe und Emotionen, wie Aggression und Furcht, das limbische System, in dem komplexe Emotionen erfasst und reguliert werden und als drittes, das neomammalische Gehirn, das emotionale Reaktionen über Kognition beeinflusst und kontrolliert. Emotionen werden demnach durch die sensorische Informationsverarbeitung bezüglich der Außenwelt und der Information über den Körper im limbischen System erzeugt. Aktuellere Forschungen zeigen, dass viele Strukturen, die MacLean (1949) als Teil des limbischen Systems identifizierte, auch heute noch Teil der Emotionsforschung sind und diesem Bereich ein großes Interesse zukommt. Neue Untersuchen bestätigen, dass die Amygdala, die im medialen

Temporallappen direkt vor dem Hippocampus sitzt, eine entscheidende Funktion in der Verarbeitung von Emotionen hat. Die Amygdala decodiert wichtige emotionale Informationen, assoziiert emotionale Lernprozesse und ruft emotionale Gedächtnisinhalte ab, so können emotional relevante Informationen schnell decodiert und verarbeitet werden. Zusammen mit der Amygdala, lernt der orbitofrontale Cortex, der über den Augen liegt, den Zusammenhang zwischen einem emotionalen Wert eines Stimulus, der damit verbundenen Veränderung und reagiert auf körperliche Signale mit Handlungskonsequenzen. Die Informationsverarbeitung und Regulierung von emotionalen, visceralen und kognitiven Informationen werden von dem anterior cingulärem Cortex (ACC) und dem dorsolateralen Präfrontal Cortex gesteuert. Derr ACC leitet im Falle eines Konflikts zwischen aktuellen und intendierenden Zuständen Maßnahmen zur Regulation ein und ist unteranderem zur Wahrnehmung von physischen und psychischen Schmerzen involviert. Außer den schon erwähnten Hirnregionen, spielt die Insula eine zentrale Rolle bei der Repräsentation körperlicher Zustände im Gehirn. Eine erhöhte Aktivität der Insula lässt sich bei Experimenten, in denen Ein Proband Aufgaben erledigen soll, in denen die Körperwahrnehmung beobachtet werden soll. Die Insula ist an vielen emotionalen Vorgängen, wie der z. B. Emotionserkennung, Risikoentscheidung oder Furchtkonditionierung, im Zusammenhand mit körperlichen Empfindungen beteiligt (Müsseler & Rieger, 2017, S. 201–206). Außer der Verarbeitungsprozesse von Emotionen durch unser Gehirn interessiert sich die Emotionsforschung dafür, wodurch Emotionen auslöst. Studien haben gezeigt, dass Emotionen nicht nur in außergewöhnlichen Situationen ausgelöst werden, sondern auch im alltäglichen Leben vorkommen. Besonders die Interaktion mit anderen Menschen werden häufig mit sowohl positiven als auch negativen Emotionen in Verbindung gebracht, bei denen es um die Pflege und den Verlust sozialer Beziehungen geht. Emotionen können auch durch die Einnahme von Alkohol, Drogen oder Medikamenten hervorgerufen werden und müssen nicht zwingend in direktem Zusammenhang mit einer auslösenden Situation stehen. Emotionen können konditioniert sein, was bedeutet, dass eine aktuelle freudige Situation trotzdem als traurig empfunden wird, da diese Situation in der Vergangenheit eher mit negativen Emotionen einherging. Emotionen werden vor allem durch Tätigkeiten ausgelöst, die mit einem positiven Ziel bewertet werden, jedoch sind bestimmte Tätigkeiten bereits bei der Ausführung mit positiven Emotionen verbunden und werden deswegen besonders gerne oder häufig ausgeübt, wie das gute Gefühl beim Sport (Brandstätter et al., 2018, S. 173). Während des gesamten Lebens nutzen wir unsere Fähigkeiten, die Emotionen zu regulieren und zu kontrollieren, um somit die privaten und beruflichen Ziele zu erreichen. Die emotionale Selbstregulierung ist ein Prozess, der durch Initiieren, Hemmen und Modulieren Veränderungen in der Wahrnehmung von Emotionen bewirkt. Durch die Regulierung von Emotionen, können inneren Gefühlzustände, emotionsbezogene Kognitionen, emotionsbezogene physiologische Prozesse und emotionsbezogenes Verhalten beeinflusst werden (Siegler et al., 2016, S. 366–367). Empirische Studien zeigen, dass die Kontrolle unserer Emotionen und des Emotionsausdruck einen enormen Einfluss auf den beruflichen Erfolg haben. Besonders im Bereich der Dienstleistungen, bei denen der Kontakt zu Menschen im Vordergrund steht, einen hohen Anspruch an kognitive, soziale und emotionale Fähigkeiten voraussetzt. Das Unterdrücken ungewünschter Emotionen und das Zeigen gewünschter Emotionen, im Arbeitskontext wird als „Emotionsarbeit" beschrieben (Freund et al., 2015). Die Soziologie, die Psychologie und die Verhaltensökonomie beschäftigen sich mit der **Emotionsarbeit**, die sich auf die beruflichen Anforderungen, die Gefühlsdarstellung und auf intrapsychische Prozesse beziehen. Auf Emotionsarbeit als berufliche Anforderung soll hier näher eingegangen werden (Kruse, 2016, S. 9–11). Nicht nur die physischen und die kognitiven Belastungen in der Arbeitswelt nehmen zu, auch die Emotionsarbeit bei Arbeitsnehmern nimmt immer mehr zu. Betrachtet das „Dienstleistungsverhalten" von Flugbegleiterinnen, so stellt man fest, dass diese immer ein Lächeln auf dem Gesicht tragen und stets freundlich sind. Ebenso sind Mitarbeiter im Call-Center ein typisches Beispiel für Emotionsarbeit. Trotz eines acht Stunden Arbeitstages, in dem ein Mitarbeiter zwischen 60 und 250 Telefonate führen kann, wird von einem Call-Center-Mitarbeiter verlangt, dass er stets freundlich ist. Emotionsarbeit ist in vielen Dienstleistungsberufen erwünscht und verlang eine hohe soziale und emotionale Anforderung an die Mitarbeiter. Die Anforderungen an Mitarbeiter und der damit verbundenen Emotionsarbeit werden in folgende drei Aspekte aufgeteilt: zu den **Regulationsmöglichkeiten** gehört sowohl die automatische Regulation, bei der die geforderte Emotion, ohne besondere Anstrengung spontan auftritt, als auch das Oberflächenhandeln, bei dem die erwartete, Emotion über Mimik, Gestik und Stimme vorgegeben wird, obwohl es nicht der aktuellen Gefühlslage entspricht und das Tiefenhandeln, bei dem die Person versucht, sich durch kognitive Techniken in das gewünschte Gefühl zu versetzten. Gibt ein Unternehmen ihren Mitarbeitern vor, wie diese sich verhalten sollen und welche Emotionen während der Arbeitszeit gezeigt werden sollen, dann spricht man von **Regulationsanforderungen**. Die emotionale Anforderung eines Arbeitsgebers kann zu Regulationsproblemen wie emotionaler Erschöpfung führen und sogar einen Burn-Out begünstigen. Umso wichtiger ist es, dass organisationale Interventionsmaßnahmen, die die Bedingungen der Emotionsarbeit optimieren ausgearbeitet und eingesetzt werden. Hier geht es um die emotionalen Anforderungen, Stressoren und Ressourcen der Mitarbeiter und sollten individuell auf einen Mitarbeiter zugeschnitten werden (Kauffeld, 2019, 286).

Teilaufgabe 3

Motive sind Konstrukte, die keinerlei physische Eigenschaften haben, sondern sind Konzepte, die durch Kognitionen positive Emotionen auslösen und einen Menschen seine gesetzten Ziele erreichen lässt, also der Grund für ein Verhalten (Schüler et al., 2020). Ein Motiv bezeichnet die Bereitschaft auf ähnliche Situationen mit gleichen Mustern zu reagieren, wobei Motive der individuellen Lebenserfahrung angepasst werden können (Chlupsa, 2017, S. 14). Motive sind in jedem Menschen angelegt und sind geeignete Persönlichkeitsindikatoren, die jedoch in ihrer Ausprägung und Intensität von Mensch zu Mensch variieren. Je größer die Abweichung eines persönlichen Motivs von der Norm, desto größer ist das emotionale Erleben dieses Motivs. Aus dem Zusammenspiel der einzelnen Motive ergibt sich das Verständnis der eigenen Persönlichkeit, des Denkens, Fühlen und Handelns, hilft aus dem geschlossenen System des Selbst herauszutreten und sich zu öffnen (Staller & Kirschke, 2019, 7 - 8) . Heckhausen (1980) definierte Motive als Bewertungsdispositionen für Handlungsfolgen, also stabile, individuelle Unterschiede für Motivationsstärken in motivanregenden Situationen. Motive werden in Leistungsmotiv, das Machtmotiv, das Anschlussmotiv, und das Intimitätsmotiv unterscheiden, wobei das Intimitätsmotiv erst 1980 von MacAdam zu den bereits definierten drei klassischen Motivtrias integriert wurde (Neyer & Asendorpf, 2018, S. 175–176). **Explizite Motive** sind dem Menschen bewusst und zeigen das reflektierte, motivationale Selbstbild einer Person dar was bedeutet, wie sich die Person selbst sieht und wie sie gerne von anderen gesehen werden möchte. Da explizite Motive bewusst wahrgenommen werden, können diese im Gegensatz zu impliziten Motiven z.B. durch einen Fragebogen erhoben werden. Soziale Wünsche haben einen großen Einfluss auf die expliziten Motive, die wiederum einen entscheidenden Einfluss auf das die Zielerreichung und andere bewusste Entscheidungen, wie die Wahl des Arbeitsbereichs haben. Das **implizite System** ist dafür verantwortlich für das Verhalten im Hier und Jetzt zu regulieren und so eine positive Affektbilanz zu schaffen. Implizite Motive entwickeln sich im Laufe der vorsprachlichen Kindheit auf der Grundlage von affektiven Erfahrungen wie erlebter Freude. Explizite

Motive dagegen entwickeln sich erst mit dem Erlernen der Sprache und dem damit verbundenen Verständnis, über Erwartungen kommunizieren zu können. So lernt das Kind den hohen Wert der positiven Zuwendung seiner Eltern bei leistungsbezogenem Verhalten zu schätzen (Chlupsa, 2017, S. 15). Im Gegensatz zu den expliziten Motiven, reagieren implizite Motive auf schwierige und komplexe Aufgaben, die die eigene Kompetenz und Leistung bewerten. Dagegen sind explizite Motive eher in sozialen Anreizen zu finden wie die Anerkennung anderer auf Grund der eigenen Leistung oder die Anzahl von Freunden in sozialen Netzwerken. Implizite Motive sagen operantes Verhalten vor, wie langfristige Verhaltensweisen in sozialen Umgebungen. Explizite Motive dagegen, sagen respondentes Verhalten vorher, womit das bewusste Verhalten in klar strukturierten Situationen gemeint ist, das durch äußere Faktoren beeinflusst wird (Müsseler & Rieger, 2017, S. 232–233). Meist werden sowohl die explizite als auch implizite Motive zum Beispiel durch Leistung oder Macht auf unterschiedliche Art angeregt und werden in verschiedenen Formen des Verhaltens zum Ausdruck gebracht. Dem impliziten Motiv wird nach McClelland (1987) drei Funktionen zugeschrieben. Das implizite Motiv richtet die Wahrnehmung auf Hinweisreize, die zu Motivbefriedigung führen, gibt Handlungsenergie und richtet das Verhalten auf bestimmte Klassen von Anreizen aus (Schüler et al., 2020, S. 186 - 187). Jedoch können beide Motive auch koalieren oder konfligieren, was auch als Motivinkongruenz, bzw. Motivkongruenz bezeichnet wird. (Heckhausen & Heckhausen, 2018, S. 282). Motivkongruenz zeichnet sich durch eine niedrige Ausprägung des impliziten und des expliziten Motivs aus. Ist das Leistungsmotiv einer Person schwach ausgeprägt, womit gemeint ist, dass sich diese Person nicht mit Gütekriterien auseinandersetzten möchte, um sich selbst als erfolgreich und strebsam zu erleben und für den eine hohe Leistung nicht zu seinem Selbstkonzept gehört, dann ist dieser Motivkongruenz bezüglich seiner Motive konfliktfrei. Hier kann es trotzdem zu Konflikten kommen, wenn z.B. die Erwartungen des Arbeitsgebers höher sind als die eigenen. Ein weiterer Motivkongruenztyp geht mit einer hohen Ausprägung beider Motive einher. Bezogen auf das explizite Leistungsmotiv, werden hier hohe Ziele gesetzt, deren Erfüllung mit der Bestätigung eigenen Kompetenz und das Anstreben von noch schwereren Aufgaben einhergeht, wodurch wiederrum das implizite Leistungsmotiv befriedigt wird (Brandstätter et al., 2018, S. 91–92). Eine Abweichung zwischen expliziten und impliziten Motiven, also eine **Motivinkongruenz**, kann zu einer Verschlechterung des emotionalen Wohlbefindens führen und sollte zur Wiederherstellung des Wohlbefindens zur Motivkongruenz zurückgeführt werden. Laut Brandstäter (2018) können zwei Arten von Motivinkongruenz unterscheiden werden. Der Konflikt des ersten Motivinkongruenztyps kommt zwischen dem hoch ausgeprägten impliziten Leistungsniveau und dem damit verbundenen Verlangen, Herausforderungen zu bewältigen, die zu einer Befriedigung führen, die jedoch durch das niedrige explizite Motiv nicht gesättigt werden. Durch das niedrig ausgeprägte explizite Motiv werden keine anspruchsvollen Leistungsziele generiert, wodurch sich die Person in einem Leistungsneutralen Zustand befindet. Zusätzlich findet das implizite Motiv keine Befriedigung, was Personen in „mir fehlt etwas" äußern können. Beim zweiten Beispiel für Motivinkongruenz generiert das explizite Motiv anspruchsvolle Leistungsziele, jedoch fehlt die nötige Energie zur Umsetzung des Ziels, die durch das implizite Motiv bereitgestellt wird, was bei Aufgaben der Fall ist, die einem keine Freunde bereiten. Hier kann der Antrieb zur Verfolgung des Ziels aus Anerkennung des Umfelds oder dem Wunsch, dem Wunschbild zu entsprechen generiert werden. Um das angestrebte Ziel zu erreichen, muss viel Energie aufgebracht werden und äußert sich in dem Gefühl, sich häufig anstrengen oder überwinden zu müssen um eine Tätigkeit auszuführen (Brandstätter et al., 2018, S. 90 - 92). Brunstein et. al. haben Studien zum emotionalen Wohlbefinden bei Studenten durchgeführt. Über einen thematischen Auffassungstest (TAT) wurde die Stärke der impliziten Wirkungs- und Bindungsmotive der teilnehmenden Studenten erfasst. Über mehrere Monate erfassten die teilnehmenden Stunden Angaben zu ihrem emotionalen Wohlbefinden und zeigten folgendes Ergebnis. Je höher ein Student nach Zielen strebt, die zu seinen eigenen Motiven passen, desto höher ist das emotionale Wohlbefinden. Dagegen viel das emotionale Wohlbefinden der Studenten, die Ziele verfolgen, die sich nicht mit ihren impliziten Motiven decken oder sogar konträr sind niedrig aus und es kam sogar zu negativen Affekten im Lebensalltag. Auch bei der Verwirklichung von Zielen, die nicht mit den persönlichen impliziten Motiven übereinstimmten, wurde keine Steigerung des emotionalen Wohlbefindens aufgezeigt, eher wurden andere Ziele vernachlässigt, die besser für die Befriedigung ihrer Ziele geeignet wären. Brunstein et al. (1998) erklären, dass durch den TAT eine hohe motivationale Inkongruenz als Risikofaktor für emotionales Missempfinden identifiziert wurde (Heckhausen & Heckhausen, 2018, S. 282 - 283). McClelland et al. (1989) erklärt Motivinkongruenz unteranderem mit der mangelnden Wahrnehmung von impliziten und affektiven Motiven, wodurch die Informationen für die explizite Zielsetzung nicht abgerufen und somit nicht genutzt werden kann. Des Weiteren behindert eine zu starke Orientierung an der Umwelt das Verfolgen der persönlichen Ziele, wodurch die eigenen Informationsquellen vernachlässigt werden und eine Motivinkongruenz die Folge ist. Hofer (2006) und seine Arbeitsgruppe wiesen mit hoher Übereinstimmung nach, dass ein hohes Maß an Motivkongruenz positiven Einfluss auf die psychische Gesundheit hat, während motivationale Inkongruenz dagegen als Risikofaktor für psychisches Missempfinden identifiziert wurde. McClelland thematisierte 1989, dass der permanente Stress auf Grund von Motivinkongruenz nicht sichtbar im Hintergrund abläuft, einen ähnlichen starken Einfluss auf das physische und psychische Wohlbefinden hat wie Zeitdruck, Lärm oder Ärger am Arbeitsplatz. Neuere Forschungen zur Motivinkongruenz beschäftigen sich mit den Risikofaktoren zur Entstehung von Motivinkongruenz und der Folge der Beeinträchtigung. Um das Wohlbefinden aktiv verändern zu können ist es notwendig zu wissen, wie Motivinkongruenz entsteht. Wie bereits oben erwähnt kann es zu Konflikten zwischen den beiden Motiven durch die mangelnde Wahrnehmung der Motive und durch eine starke Orientierung an der Umwelt und somit der Vernachlässigung des Selbst kommen. Zudem wurden die Untersuchungen zu Motivinkongruenz durch die empirischen Arbeiten zu Motivkongruenz gestärkt die zeigten, dass Menschen mit einem ausgeprägten Zugang zu ihrem Körpergefühl und niedriger Ausprägung an Selbstüberwachung, über hohe Motivkongruenz verfügen. Die Fähigkeit nonverbale Körpergefühle wahrzunehmen und sich nicht an soziale Normen zu orientieren, stützt die Entwicklung des motivationalen Selbstbildes und hilft bei der Regulation von Emotionen nach Misserfolg, um so wieder in einen entspannten Zustand zu gelangen. Ein entspannter Zustand ist die Voraussetzung, um auf implizite und explizite Motive zugreifen zu können, um die eigenen Ziele zu verwirklichen. Eine Möglichkeit die negativen Folgen von

Motivinkongruenz zu mindern, sehen Schüller et al. (2009) in dem Mitteilen emotionaler Erlebnisse als Bewältigungsstrategie, die die negativen Folgen auf das Wohlbefinden mindern. Andere Strategien setzten präventiv an und sollen negative Folgen verhindern, bevor Motivinkongruenz erst entsteht. Präventive Strategien beziehen sich auf Ziele, die sich Menschen setzten, jedoch nicht zu den eigenen impliziten Motiven passen und eine bessere Abstimmung zwischen Zielen und impliziten Motiven. Eine weitere Methode, die Ziele und implizite Motive anzupassen, ist, die Fantasie über verschiedene Zieloptionen anzuregen und dabei den Fokus auf motivspezifische Anreize wie Freude, Glück und ein Gefühl von Stärke zu legen. Laut Brandstätter (2009) weisen die auf dieser Grundlage gewählten Ziele eine höhere Übereinstimmung mit den impliziten Motiven auf (Brandstätter et al., 2018, S. 91 -93). Dier Erkenntnis, wie sich explizite und implizite Motive voneinander unterscheiden und das negative Folgen drohen, wenn die nicht übereinstimmen, kann das Wohlbefinden positiv beeinflussen. Wichtig zu wissen ist, dass ein persönliches Unwohlsein dadurch entstehen kann, dass das Herz (implizite Motive) und der Kopf (explizite Motive) unterschiedliche Ziele verfolgen. Eine weiter Ursache für Unbehagen kann sein, dass sich eine Person in einer Situation befindet, die nicht ihren impliziten Motiven entsprechen. Die Selbstbeobachtung und das Reflektieren gehört neben dem Fantasieren zu den Interventionsmaßnahmen, die hilfreich eingesetzt werden können, um nicht in Situationen zu geraten, die sich nicht mit den impliziten Motiven decken. Rheinberg (2004), schlägt zur Selbstreflexion folgende Fragen vor: Welche Aktivitäten übe ich auch ohne Belohnung immer wieder gerne aus? Über welches erreichte Ziel habe ich mich besonders gefreut? Über welches erreichte Ziel konnte ich mich nicht richtig freuen (Brandstätter et al., 2018, S. 91 - 94).

Literaturverzeichnis

Becker-Carus, C. & Wendt, M. (2017). *Allgemeine Psychologie: Eine Einführung* (2. Auflage 2017). Springer Berlin Heidelberg. https://doi.org/10.1007/978-3-662-53006-1

Brandstätter, V., Schüler, J., Puca, R. M. & Lozo, L. (2018). *Motivation und Emotion: Allgemeine Psychologie für Bachelor* (2. Aufl.). *Springer-Lehrbuch.* Springer Berlin Heidelberg. http://nbn-resolving.org/urn:nbn:de:bsz:31-epflicht-1572003

Chlupsa, C. (2017). *Der Einfluss unbewusster Motive auf den Entscheidungsprozess: Wie implizite Codes Managemententscheidungen steuern. SpringerLink Bücher.* Springer Fachmedien Wiesbaden. http://swbplus.bsz-bw.de/bsz487012038cov.htm https://doi.org/10.1007/978-3-658-07230-8

Eremit, B. & Weber, K. F. (2016). *Individuelle Persönlichkeitsentwicklung: Growing by Transformation: Quick Finder — Die wichtigsten Tools im Business Coaching* (1. Aufl.). *SpringerLink Bücher.* Springer Fachmedien Wiesbaden. http://swbplus.bsz-bw.de/bsz455173583cov.htm https://doi.org/10.1007/978-3-658-09453-9

Freund, N., Diestel, S. & Schmidt, K.-H. (2015). Zur Rolle des Self-Monitoring im Prozess der Emotionsarbeit. *Zeitschrift für Arbeitswissenschaft, 69*(3), 166–174. https://doi.org/10.1007/BF03373955

Heckhausen, J. & Heckhausen, H. (Hrsg.). (2018). *Springer-Lehrbuch. Motivation und Handeln* (5. Aufl.). Springer Berlin Heidelberg. http://nbn-resolving.org/urn:nbn:de:bsz:31-epflicht-1618304

Heinze, D. (2018). *Die Bedeutung der Volition für den Studienerfolg: Zu dem Einfluss volitionaler Strategien der Handlungskontrolle auf den Erfolg von Bachelorstudierenden. SpringerLink Bücher.* Springer Fachmedien Wiesbaden. http://swbplus.bsz-bw.de/bsz495037583cov.htm https://doi.org/10.1007/978-3-658-19403-1

Hoyer, J. & Knappe, S. (Hrsg.). (2020). *Klinische Psychologie & Psychotherapie* (3., vollst. überarb. Aufl. 2020). Springer Berlin Heidelberg. http://nbn-resolving.org/urn:nbn:de:bsz:31-epflicht-1852951

Kauffeld, S. (Hrsg.). (2019). *Springer-Lehrbuch. Arbeits-, Organisations- und Personalpsychologie für Bachelor: Mit 44 Abbildungen und 42 Tabellen* (3. Aufl.). Springer Berlin Heidelberg. http://www.springer.com/ https://doi.org/10.1007/978-3-662-56013-6

Kruse, S. (2016). *Die Dunkle Triade im Dienstleistungskontext: Einfluss auf die Emotionsarbeit und Konsequenzen für den Angestellten* (1. Aufl.). *SpringerLink Bücher.* Springer Fachmedien Wiesbaden. http://swbplus.bsz-bw.de/bsz455216150cov.htm https://doi.org/10.1007/978-3-658-12110-5

Leschnik, A. (2021). *Emotionale Kompetenzen: Grundlagen, Clinical Reasoning und Interventionen im Kindes- und Jugendalter. Springer*

eBook Collection. Springer Fachmedien Wiesbaden.
https://doi.org/10.1007/978-3-658-34567-9

Mahr, C. (2018). *Praxishandbuch Integrative Psychotherapie: Ein Methodenorientiertes und Wegweisendes Grundlagenwerk*. Springer.
https://ebookcentral.proquest.com/lib/kxp/detail.action?docID=5378095

Moskaliuk, J. (2015). *Motivationspsychologie für die Berufspraxis: Praktisches Wissen für Coaches, Berater und Führungskräfte*. *Springer eBook Collection*. Springer Fachmedien Wiesbaden. http://swbplus.bsz-bw.de/bsz430176163cov.htm https://doi.org/10.1007/978-3-658-09601-4

Müsseler, J. & Rieger, M. (Hrsg.). (2017). *SpringerLink Bücher. Allgemeine Psychologie* (3. Aufl.). Springer Berlin Heidelberg. http://swbplus.bsz-bw.de/bsz474109208cov.htm https://doi.org/10.1007/978-3-642-53898-8

Neyer, F. J. & Asendorpf, J. B. (2018). *Psychologie der Persönlichkeit* (6. Aufl.). *SpringerLink Bücher*. Springer Berlin Heidelberg. http://swbplus.bsz-bw.de/bsz492993815cov.htm https://doi.org/10.1007/978-3-662-54942-1

Schüler, J., Wegner, M. & Plessner, H. (Hrsg.). (2020). *Springer eBook Collection. Sportpsychologie: Grundlagen und Anwendung*. Springer Berlin Heidelberg. https://doi.org/10.1007/978-3-662-56802-6

Siegler, R., Eisenberg, N., DeLoache, J. & Saffran, J. (2016). *Entwicklungspsychologie im Kindes- und Jugendalter* (K. Neuser-von Oettingen, Übers.) (S. Pauen, Hg.) (4. Aufl. 2016). Springer Berlin Heidelberg.

Staller, T. & Kirschke, C. (2019). *Die ID37 Persönlichkeitsanalyse: Bedeutung und Wirkung von Lebensmotiven für effiziente Selbststeuerung*. *Springer eBook Collection*. Springer Berlin Heidelberg. http://swbplus.bsz-bw.de/bsz516252984cov.htm https://doi.org/10.1007/978-3-662-58004-2

Strobach, T. & Wendt, M. (2019). *Allgemeine Psychologie: Ein Überblick für Psychologiestudierende und -interessierte* (1. Aufl.). *Was ist eigentlich ...?* Springer. http://www.springer.com/